Il a été tiré de cette édition 50 exemplaires sur papier japon numérotés de 1 à 50 et 950 exemplaires sur papier vergé anglais numérotés de 51 à 1000.

N° 

LE MYSTÈRE D'ABRAHAM

tiré de la Bible par F. CHAVANNES

Nouvelle édition revue à l'occasion des représentations au Théâtre Religieux de Strasbourg

à Strasbourg
Librairie des Arts
5, rue des Francs-Bourgeois
1928

LE MYSTÈRE D'ABRAHAM

tiré de la Bible par F. CHAVANNES

Nouvelle édition revue à l'occasion des représentations au Théâtre Religieux de Strasbourg

à Strasbourg
Librairie des Arts
5, rue des Francs-Bourgeois
1928

Avec des vignettes de

J.-L. GAMPERT

LE MYSTÈRE D'ABRAHAM

Aux sons de l'orgue le cortège des acteurs et des figurants entre et défile deux par deux entre les spectateurs dans l'ordre suivant : DEUX SERVITEURS, LES DEUX ENFANTS, LES DEUX FILLES DE LOT*, LE PÈRE et LA MÈRE, NACOR et LA FEMME DE NACOR (qui représentera dans la suite le personnage d'AGAR), LOT et LA FEMME DE LOT, ABRAM et SARAI, puis BOOZ et RUTH, DAVID avec BETHSABÉE, SALOMON avec LA SULAMITE, puis l'ANGE, précédant JOSEPH et MARIE qui porte *L'ENFANT* et enfin deux autres SERVITEURS.

Le cortège gravit les marches de la scène surélevé, et se place, les acteurs des deux côtés, les figurants au fond, en demi-cercle et devant des sièges plus élevés que les bancs des acteurs. Quand MARIE s'est assise au milieu tous s'asseyent.

Le lecteur alors se lève et lit dans l'ÉPITRE AUX HÉBREUX.

* Supprimées à la représentation.

LE LECTEUR. — *C'est par la foi qu'Abraham étant appelé obéit à l'ordre qu'il reçut de s'en aller dans le pays qu'il devait recevoir pour héritage, et qu'il partit sans savoir où il allait.*

C'est par la foi qu'il resta comme étranger dans la terre qui lui avait été promise, habitant sous des tentes aussi bien qu'Isaac et Jacob qui étaient héritiers avec lui de la même promesse;

Car il attendait la Cité qui a des fondements inébranlables, et de laquelle Dieu est l'architecte et le fondateur.

C'est aussi par la foi que Sara reçut la vertu de concevoir et qu'étant hors d'âge d'avoir des enfants elle eut un fils, parce qu'elle crut que celui qui le lui avait promis était fidèle.

De cette manière d'un seul homme dont la vigueur était même éteinte, sortit une postérité aussi nombreuse que les étoiles du ciel et que les grains innombrables du sable qui est au bord de la mer.

Tous ceux-là sont morts dans la foi sans avoir reçu les choses qui leur avaient été promises; ils les ont vues seulement de loin, ils en ont été persuadés, ils les ont embrassées, et ils ont fait profession d'être étrangers et voyageurs sur la terre.

Certainement ceux qui parlent ainsi montrent clairement qu'ils cherchent leur véritable patrie;

Car s'ils eussent eu en vue celle d'où ils étaient sortis, ils auraient eu assez de temps pour y retourner ;

Mais ils en désiraient une meilleure qui est celle du ciel ; c'est pourquoi Dieu ne dédaigne pas de s'appeler leur Dieu, car il leur avait préparé une Cité.

C'est par la foi qu'Abraham lorsqu'il fut éprouvé, offrit Isaac ; et que bien qu'il eût reçu les promesses, il offrit ce fils unique,

A l'égard duquel il lui avait été dit : C'est en Isaac que ta postérité sera appelée de ton nom ;

Mais il pensait en lui-même que Dieu pouvait ressusciter Isaac d'entre les morts ; aussi le recouvra-t-il par une espèce de résurrection.

Ière PARTIE

ABRAM, LOT et NACOR se lèvent de leur banc et s'avancent de côtés différents, Abram et Lot étant suivis chacun de leurs deux SERVITEURS.

LOT. — Voilà que nous revenons tous trois en même temps, les trois frères, du travail, Abram, Lot et Nacor.

Bonsoir mes chers frères, bonsoir mes bons frères !

NACOR. — Bonsoir, bonsoir.

LOT. — Et nous voici avec nos serviteurs, ayant travaillé toute la journée ; mais pas un de nous ne travaille comme toi, Abram ; tu y vas trop dur, frère, tu y vas trop fort !

Un peu de douceur, voyons ! accorde-toi un peu de relâche. La vie nous a été donnée pour nous la couler douce. . . ou qu'en dis-tu?

Silence d'Abraham.

N'importe ! ayant tous travaillé, le pain aussi nous est donné, et le reste, en suffisance, n'est-ce pas vrai?

NACOR. — On a de quoi.

LOT. — Tu ne dis rien, Abram ; tu te tiens là, silencieux...
Mais voici le père et la mère.

Viennent LE PÈRE et LA MÈRE

LE PÈRE. — Braves enfants, braves enfants ! vous avez bien gagné votre journée,
et toi plus que tout autre, Abram.

ABRAM. — Père, ce n'est rien, ce n'est pas assez.

LOT. — Il n'est jamais content de lui, jamais satisfait.

NACOR. — On fait ce qu'on peut et puis voilà !

LA MÈRE. — Mes beaux garçons, mes bons garçons ! ça fait plaisir de vous regarder.

ABRAM, prenant ses mains. — Douce mère !...

LOT. — Bonne mère ! oui,
on a travaillé tous les trois, tous les trois frères, et maintenant on s'en revient ;
et le soir qui s'approche, le bon moment où on se fait bien aise,
et voilà nos femmes qui viennent nous embrasser, nos femmes et nos enfants.

Viennent au fond LA FEMME DE LOT et SES DEUX FILLES, LA FEMME DE NACOR et SES DEUX FILS et SARAI ; les hommes vont à leur rencontre. Les serviteurs s'avancent.

1er SERVITEUR. — Une jolie famille, il n'y a pas à dire, et bien d'accord les uns avec les autres, les trois frères !

Quoique c'est comme on dit : ils sont bien tous trois de la même matière, mais ils ne sont pas de la même manière.

Qu'est-ce qu'il a, le maître, depuis quelque temps, à ne rien causer ?

On a la langue pour causer... ou quoi ? On a la langue pour causer.

2e SERVITEUR. — Il se fait des idées en l'air !

1er SERVITEUR. — Moi j'éclaterais de ne pas causer ! tu vas voir qu'un de ces jours il va éclater !

aux deux autres. Vous voilà, les jaloux, les envieux, les serviteurs de notre frère Lot !

Comme on dit : tel maître, tel valet !

3e SERVITEUR. — Nous jaloux, nous envieux ! Et de quoi ?

1er SERVITEUR. — Pardi ! de tout, de nos vignes, de nos champs, qui sont plus beaux que les vôtres,

et puis de notre maître !

3e SERVITEUR. — De votre maître !

4e SERVITEUR. — Pourquoi de votre maître ?

1er SERVITEUR. — C'est un homme !

2e SERVITEUR. — C'est vrai, c'est un homme !

3e SERVITEUR. — Un homme, un homme ! Toujours est-il qu'il n'a point d'enfant.

4e SERVITEUR. — Regardez-le, tout seul !

1er SERVITEUR. — Et moi je vous dis que vous en êtes jaloux !

2e SERVITEUR. — Allons, c'est bon, venez manger la soupe !

3e SERVITEUR. — Pour ça on ne se fait pas prier.

1er SERVITEUR. — Forts que vous êtes pour travailler de la cuiller, vous autres, pour travailler de la cuiller !

Ils s'éloignent.

LE PÈRE. — Les vignes sont belles et les blés sont beaux.

LA MÈRE. — On a bien de la prospérité.

NACOR. — Si tout va bien, on ne pourra pas trop se plaindre.

LOT. — Et nous pourrons profiter de nos biens et du loisir.

LA FEMME DE LOT. — Ne faut-il pas jouir de ce qui est bon?

LES QUATRE ENFANTS. — Allons nous amuser, allons nous amuser !

ABRAM, les regardant. — O enfants, si gais que c'est un plaisir !

Abram et Sarai viennent devant.

SARAI, à Abram.— Jusqu'à ce que le blé soit dans la grange, et les raisins sous le pressoir, avec les grêles et les maladies et les sauterelles, on ne peut pas compter sur rien.

Mais tout a bonne mine quand même, et l'année s'annonce belle, ou n'es-tu pas content?...

... Abram, qu'est-ce que tu as donc, à ne pas répondre quand on te parle,
et à regarder comme ça autour de toi?

ABRAM. — Toujours ainsi, jusqu'à la mort!

il s'assied.

SARAI. — La mort!...

ABRAM. — Sarai ma femme, tu es belle, mais pourquoi n'avons-nous point d'enfants?

silence.

Et moi je ne suis déjà plus jeune, et je mourrais ainsi...

SARAI. — ... Nos pères sont nés et ils sont morts, et nous ne sommes pas plus qu'eux n'est-ce pas vrai!...

elle s'assied à côté de lui.

Depuis quelque temps à quoi est-ce que tu penses?
Il faut prendre les choses comme elles sont, nous ne les changerons pas.

L'ANGE se lève, et s'avance à travers la famille qui ne prend pas garde à lui.

LOT du fond.— Allons dîner, allons manger un morceau et boire un coup.

NACOR. — On peut bien quand on a travaillé tout le jour.

SARAI. — ...Nous n'y changerons rien, mais tu te fais des imaginations.

L'ANGE. — Abram !

sors de ton pays et de ta famille, et de la maison de ton père,

et t'en va au pays que je te montrerai.

Et je te ferai devenir une grande nation, je te bénirai et tu seras sur la terre une bénédiction,

ton nom sera grand !

SARAI, *qui semble ne rien voir.* Il faut être raisonnable et avoir du bon sens.

LOT. — Viens-tu, Abram? allons, mon bon frère, allons tremper la soupe.

Tous s'éloignent.

L'ANGE. — Je bénirai qui te fera du bien, je maudirai qui te fera du mal,

et toutes les familles de la terre seront bénies en toi !

Mais ouvre maintenant les yeux, et regarde dans l'avenir.

Il montre les personnages du fond que les autres en se retirant ont découverts. Abram se lève et fait un grand geste de saisissement.

SARAI. — Qu'as-tu à regarder ainsi?

L'ANGE en s'éloignant efface l'apparition.

ABRAM. — Tout a disparu !... Des couronnes d'or, un sceptre d'or !

Et au-dessus d'eux une simple femme, mais plus belle que l'or,

et cet enfant entouré de rayons !...

SARAI. — Qu'est-ce que tu dis, et qu'est-ce que tu racontes d'un enfant?

ABRAM. — As-tu vu, femme, as-tu vu et entendu ?

SARAI. — Qu'aurais-je vu et qu'aurais-je entendu ? et quel sujet d'étonnement y a-t-il ici ?

ABRAM. — Un ange de Dieu était ici !

Je te le dis, un ange de Dieu se tenait ici à cette même place, il m'a parlé !

Et j'ai vu dans l'avenir notre descendance, des rois dans les âges,

et un enfant tout brillant de rayons,
d'une telle douceur !...

SARAI. — Es-tu fou ?... tu déraisonnes !...

Ecoutez, vous autres, écoutez ce qu'il dit,

qu'un ange de Dieu vient de lui parler, en cette minute, et nous qui étions tous ici !

Ils viennent et rient.

ABRAM. — Je l'ai vu, et il m'a parlé !...

Nouveaux rires.

NACOR. — Un ange de Dieu, qu'est-ce que c'est ?

LOT. — Voyons, frère, tu ne parles pas sérieusement, tu veux rire !

LA FEMME DE LOT. — Est-ce qu'il avait des ailes ? je voudrais bien savoir.

LA FILLES DE LOT. — Un ange, c'est joli !

Les anges, on les voit sur les images, c'est pour les petits enfants !

LE PÈRE. — Il a toujours été étrange, un drôle de corps !

LA MÈRE. — Prends garde, mon enfant, prends bien garde que l'orgueil ne t'abuse pas !

ABRAM. — Mais je l'ai vu ! je l'ai vu comme je vous vois !...

...O vous que j'aime, je vous vois en effet, et c'est comme si je vous voyais pour la première fois, vous que j'ai toujours vus !

Depuis tout petit j'ai vu vos figures à l'entour de moi, jamais je ne vous ai quittés,

et je ne vous regardais pas plus qu'on ne se regarde soi-même,

mais maintenant, maintenant !...

Oh ! laissez moi, je vous en prie !

Tous, sauf Sarai, se retirent en secouant la tête.

ABRAM. — Mon père, ma mère, mes chers frères !...

Et la maison, et le pays !...

La terre que j'ai fossoyée, et elle m'a nourri !...

Et les arbres dont j'ai mangé le fruit !...

Et il faudrait partir !...

SARAI. — Que parles-tu de partir ?

ABRAM. — L'ange m'a dit : Sors de la maison de ton père et de ton pays et de ton parentage,

et va dans le pays que je te montrerai.

SARAI. — Tu es fou tout à fait, ou quelqu'un t'a jeté un sort ? Ce n'est pas possible autrement !

ABRAM. — ...« Ton nom sera grand. »

SARAI. — Abram, ne laisse pas la tête te tourner d'orgueil ; combien que ça a perdus !

ABRAM, il se rassied. ...Dieu sait pourtant bien ce qu'il dit.

SARAI, à côté de lui —. .Écoute, Abram, tu t'es toujours bien trouvé de m'avoir consultée, soit pour acheter, soit pour vendre, ou pour toute autre chose,

et tu as toujours dit que j'ai plus de sens que toi,

mais toi un enfant te fait croire ce qu'il veut, comme quand tu joues avec ces petites, les filles de Lot, et elles ne font rien que se moquer !...

Tandis que moi j'ai du bon sens, et j'y vois clair !

ABRAM. — C'est bien vrai que tu as du sens...

SARAI. — Ecoute donc ce que je te dirai : Ne sommes-nous pas des paysans, de simples paysans?

Que ferions-nous à l'étranger où nous n'aurions pas nos habitudes, ni la terre que nous connaissons?

Nous serions livrés à toutes les embûches, et au milieu de méchantes gens,

et nous finirions sûrement dans la misère !

ABRAM. — Mais moi j'ai cru voir des couronnes d'or, j'ai cru voir des sceptres d'or !...

SARAI. — Tu as cru, tu as cru !... Il ne faut pas tant croire !... Il vaut mieux savoir. —

d'ailleurs ne sommes-nous pas heureux ici tous ensemble?

Et n'avons-nous pas ce qu'il nous faut, et au delà?

Que veux-tu de plus, et que te faut-il de plus?... Sache une fois être heureux !

ABRAM. — ...C'est bien vrai que je vis ici tranquille !

Et c'est bien vrai que je ne suis jamais sorti du pays.

Et c'est bien vrai aussi que je ne suis pas né malin !

Et sans doute il y aura des embûches de toutes sortes, et ma vie est ici toute faite au milieu de ceux que j'aime !...

SARAI. — Et puis, comme tu dis, nous ne sommes plus jeunes, et à quoi bon recommencer une nouvelle vie, puisque nous n'avons point d'enfants !

ABRAM, se levant, violemment. — Cela c'est le diable qui te le fait dire ! Laisse-moi ! On m'a ordonné de partir...

SARAI, se levant à son tour. - Oh ! Oh ! Oh, venez, tous ceux qu'il aime !

Parlez-lui, parce que moi il ne m'écoute pas !

On ne sait pas pourquoi, parce qu'il a eu une vision, parce qu'il a rêvé,

voici tout-à-coup qu'il veut partir !...

Tous viennent.

TOUS, levant les bras au ciel. — Partir ! quitter d'ici !...

2e SERVITEUR. — Partir ! aller chercher fortune !

1er SERVITEUR. — Bien sait-on ce qu'on quitte, on ne sait pas ce qu'on trouve.

NACOR. — Frère, toi qui es l'aîné, et la terre, les champs, les vergers, les vignes !

Et le bétail, les moutons, les vaches, les bœufs !...

LOT. — Frère, est-il possible que tu songes à nous quitter?

Que tu veuilles nous faire cette peine, quand nous avons les uns pour les autres une si bonne affection !

LA FEMME DE LOT. — Pourquoi partir, beau-frère, et pourquoi faire, je voudrais savoir !

Pour voir les hommes et les pays, et que voulez-vous entreprendre?

LES ENFANTS. — Ne t'en va pas, bon oncle, ne t'en va pas, reste avec nous !

Il n'y en a point comme toi pour s'amuser, et pour raconter des histoires !

LE PÈRE. — Mon fils, est-ce vrai que tu veux me laisser?

Moi qui vous ai élevés depuis que vous étiez hauts comme ça,

et je vous ai montré chaque chose
avec soin,

à tailler la vigne comme il faut, à labourer, à moissonner,

à soigner le bétail, une chose après l'autre,
pour que vous me remplaciez dans ma vieillesse.

Et, maintenant que je suis vieux, tu t'en irais !...

LA MÈRE. — Mon garçon, mon garçon, regarde celle qui t'a enfanté, et la poitrine qui t'a nourri, ta présence réjouit à cette heure mes vieux yeux, et tu m'ôterais le prix de mes peines !

LOT. — Comment répondras-tu à tout cela?

ABRAM, embrassant sa mère. — O ma mère, ma mère !

TOUS. — Voilà qu'il reste ! Voilà qu'il reste !...

ABRAM. — Ma mère, laissez-moi regarder plus loin, laissez-moi regarder au delà...

L'ANGE est debout au fond.

Ma mère, si Dieu m'avait fait mourir sous vos yeux, comme Haran mon frère,

car il est le maître !

— Mon père, mais il vous restera des fils, et ma vie est à moi, quand même vous me l'avez donnée.

Et justement parce que vous me l'avez donnée, ne me la reprenez pas !

mais moi je voudrais faire quelque chose avant de mourir !

— Et ô Lot, mon frère, c'est vrai que nous nous aimons en famille, mais est-ce là tout dans la vie?

— Belle-sœur, moi je n'ai pas besoin de savoir !

— O enfants, jeunes enfants, qu'est-ce qui m'est plus doux que vous?
mais ne faut-il que s'amuser?

— Et frère, si j'y renonce, à la terre, qu'as-tu à dire, vous en profiterez !

— Et vous aussi, serviteurs, écoutez : Il faut savoir perdre si on veut gagner !...

Ainsi j'ai répondu à tous, et cela m'est venu ainsi, sans réflexion,

et maintenant je suis décidé !

J'ai été appelé, j'irai, je partirai comme il m'a été ordonné,

j'obéirai !...

Tout de suite, nous partirons tout de suite! Pourquoi attendre et rendre le départ plus amer?

Que les serviteurs prennent le peu qui nous est propre, qu'ils fassent sortir nos brebis et nos ânes et qu'ils nous suivent.

Mais nous, femme, nous ne rentrerons même pas dans la maison, nous partirons sur l'heure !

1er SERVITEUR. — Faut être bien fou !... nous voilà partis,

voir ailleurs si les pierres sont moins dures et si la terre est moins basse.

2e SERVITEUR. — Et si les cailloux sont en pains d'épices.

Ils s'éloignent.

LOT. — O frère, as-tu le courage !

ABRAM. — Adieu ! pourquoi faire long?

SARAI, embrassant la femme de Lot. — Oh ! je ne pourrai pas quitter d'ici !

LA FEMME DE LOT. — N'y va pas ! Qu'y gagnerez-vous et qu'y ferez-vous?

ABRAM, s'éloignant. — Et toi, femme, viens !

LA FEMME DE LOT. — Reste !

SARAI. — ...Laisse-moi ! Quoi qu'il en soit, j'obéirai, je le suivrai.

ABRAM, fermement. — Oh, adieu, vous tous ! Oh, ce sera dur, mais je le surmonterai.

SARAI, tristement. — Oh ! vous tous, adieu ! Oh ! hélas ! hélas !...

LOT. — Sans cœur, dur et sauvage.

NACOR. — Fou que tu es !

LE PÈRE. — Enfant, nous ne te reverrons plus !

LA MÈRE. — Mon garçon, mon grand garçon !

SARAI. — O têtu, ô homme dur, ô obstiné !

LA FEMME DE LOT, à son mari. — Ils vont avoir de belles aventures, ils verront des choses et des drôles de gens,

et des pays que nous ne connaissons pas, et peut-être bien qu'ils y gagneront beaucoup d'argent,

et nous resterions ici bêtement !...

Si nous y allions aussi !...

LOT. — Est-ce que tu crois vraiment ? en as-tu envie ?...

SARAI. — Quel sera notre sort à présent, et qu'adviendra-t-il de tout cela ?

ABRAM. — Je ne sais pas où je vais, mais j'irai ; je marcherai devant moi en chantant !...

Dieu sait bien ce qu'il fait, Dieu sait bien ce qu'il fait !

LE CHŒUR chante un PSAUME de confiance et de foi, pendant lequel les acteurs reprennent leurs places.

Fin de la première Partie.

IIème PARTIE

Viennent du même côté deux SERVITEURS avec des bâtons de bergers.

1er SERVITEUR. — Hé hé, cza cza !...

2e SERVITEUR, chantonnant. — Venez beaux moutons, venez beaux agneaux...

1er SERVITEUR. — C'est bien vrai qu'ils sont beaux nos moutons, il n'y a pas plus beaux.

2e SERVITEUR. — ...paître la belle herbe, pour que vos gigots...

1er SERVITEUR. — Et c'est vrai qu'il a bien réussi, le maître, en quittant le pays !

2e SERVITEUR. — ...en soient plus gros, que nous mangerons...

1er SERVITEUR. — Le pays où l'on travaillait dur sans venir plus riche qu'avant !

2e SERVITEUR. — ... avec du bon ail ; venez beaux moutons !

1er SERVITEUR. — Tandis qu'ici, ah ma foi, ça n'est plus la même chose, et la richesse abonde !..

richesse en bétail, en argent et en or ! des brebis, des bœufs, des tentes !

Tout le pays en est couvert.

Viennent du côté opposé deux AUTRES SERVITEURS.

Mais las ! voilà encore ces poisons, ces chiens gris de bergers de Lot, qui mènent paître par ici.

Arrêtez, vous autres !

Allons, voilà les troupeaux encore tout emmêlés !...

Cza cza, hé hé !

1er SERVITEUR DE LOT, levant les bras. — Aussi pourquoi menez-vous paître de ces côtés, quand c'est nous qui étions les premiers !

1er SERVITEUR D'ABRAM. — C'est nous qui étions les premiers.

2e SERVITEUR DE LOT. — C'est pas vrai !

2e SERVITEUR D'ABRAM. — C'est bien vrai !

1er SERVITEUR DE LOT. — C'est pas vrai !

1er SERVITEUR D'ABRAM. — Vous les premiers ! qui ne faites que nous suivre, depuis le pays jusqu'ici !

2e SERVITEUR D'ABRAM. — Jaloux que vous êtes, vilains, envieux !

1er SERVITEUR DE LOT. — Jaloux, quand nous avons les plus belles bêtes.

2e SERVITEUR D'ABRAM. — C'est nous qui avons les plus beaux troupeaux.

Et notre maître est meilleur que le vôtre, et notre maître est meilleur que le vôtre !

2e SERVITEUR DE LOT. — C'est le nôtre qui est le meilleur, et je vais vous le prouver !

il lève son bâton.

1er BERGER D'ABRAM. — Aussi bien faut-il que ça soit réglé une bonne fois, depuis le temps qu'on se dispute !

Comme il lève aussi son bâton et qu'ils se jettent les uns contre les autres, ABRAM s'avance derrière ses bergers, LOT derrière les siens.

ABRAM. — Arrêtez ! Abaissez ces bâtons !

LOT. — Abaissez ces bâtons, arrêtez malheureux ! que faites-vous ?

ABRAM. — De nouveau dispute ! Pourquoi vous battez-vous ?

LOT. — Pourquoi vous battez-vous encore avec les gens de mon bon frère ?

1er BERGER DE LOT. — Ils sont venus ici, où nous étions d'abord.

1er BERGER D'ABRAM. — Ce n'est pas vrai, mais c'est nous qui étions les premiers.
à Abram. — Et d'ailleurs n'es-tu pas le premier ? et ceux qui sont au premier sont les premiers !

ABRAM. — Taisez-vous, et allez-vous en de votre côté, séparant les moutons !

LOT. — Retirez-vous, mes bons amis, retirez-vous, faites la paix,
en bons amis comme vous êtes, en bons amis !

LES BERGERS. — Hé hé, cza cza !

Ils se séparent en se montrant le poing.

LOT. — Désolé, mon bon frère, en vérité je le suis ; mais voilà qui est fini et ça ne recommencera pas.

Et sûrement ce n'est pas les miens qui ont attaqué les premiers.!

ABRAM, dominant sa colère. —...Ecoute, frère ! n'est-ce pas vrai que quand j'ai quitté la maison du père et que je suis venu dans ce pays, tu m'as suivi ?

Et j'ai été heureux de t'avoir avec moi, mon frère, à l'étranger.

Et quand les rois de ce pays t'ont fait prisonnier, j'ai armé mes serviteurs,

je les ai battus et je t'ai délivré, les tiens et tes biens avec toi !

Mais nous sommes devenus riches tous deux, et puissants tous les deux,

le pays ne peut plus nous porter ensemble, avec ces grands troupeaux que nous avons.

Qu'il n'y ait pas de querelle entre toi et moi, ni entre mes serviteurs et tes serviteurs,

nous sommes frères, et cela me ferait trop de peine.

Tout le pays n'est-il pas à ta disposition ?

Si tu choisis la gauche, moi je prendrai la droite, et si tu prends la droite, je m'en irai à gauche !

LOT. — Mon bon frère, je suis désolé de ce qui arrive ; mais est-il nécessaire ?...

Certes, mon bon frère, je sais bien que je te suis redevable de tout, et certes...

LA FEMME DE LOT se tient derrière lui, et avec elle SES DEUX FILLES. Derrière Abram, SARAI.

LA FEMME DE LOT. — Ecoute-moi ! car j'a tout entendu et tu sais que j'ai l'oreille fine.

Prends garde à ce que tu vas faire, et regarde un peu devant toi !

Regarde ici à ta gauche des montagnes sèches et nues, et là-bas à ta droite la plaine du Jourdain,

qui est arrosée comme le jardin d'Eden, et grasse comme un potager,

et au milieu d'elle, comme deux œufs sur l'huile, les villes de Sodome et de Gomorrhe,

pleines de toutes les bonnes choses et de toutes les délices de la terre.

Et moi je brûle de les connaître, et j'en meurs d'envie.

Pourquoi y aurait-il des gens qui jouiraient de ces choses, et pas nous?

A présent que tu es riche, profitons-en !

UNE DES FILLES. — Et nous avons envie de nous amuser !

L'AUTRE FILLE. — Et comment s'amuserait-on, si ce n'est dans les villes?

Elles l'entraînent vers le fond.

SARAI, à Abram.— As-tu songé à ce que tu fais, tout notre avenir dépend de là !

et tu obéis à ton impulsion, comme tu fais toujours, imprudemment.

ABRAM. — Tais-toi, femme ! ce n'est pas aux femmes de parler quand il s'agit des grandes choses.

Ce que j'ai dit, je l'ai dit, et je ne reviendrai pas sur ce que Dieu m'a fait dire dans le premier moment.

Mais même si celui-ci choisissait la montagne, moi je ne descendrais point dans les villes,

où il y a une fumée grasse qui monte d'elles, comme d'un fumier qui brûle et qui empeste tout le pays,

et elles sont pleines d'impiétés et d'abominations.

Je ne veux pas qu'il y ait rien de commun entre les impies et ma maison,

de crainte de l'Éternel !...

LOT, se rapprochant, avec hésitation. — Eh bien, frère, puisque tu me le permets, mon bon frère,

et que c'est de ta générosité,

et moi il faut aussi que je fasse quelque chose pour ces femmes qui sont ici,

moi qui ai des enfants,

pardonne moi, puis donc que tu me le permets...

eh bien, je prendrai vers la droite, vers la plaine et les villes...

ABRAM. — Tu as choisi à cette heure ! Tu as mal choisi, je te le dis. Séparons-nous !

Je n'aurai point de part avec les méchants, ni avec ceux qui s'associent aux méchants,

et je ne pactiserai point.

LOT. — O frère, tu es trop dur ! Il faut avoir de l'indulgence... Il faut comprendre — il faut un peu de douceur — et même de faiblesse. N'est-ce pas humain ?

ABRAM. — Adieu !

LOT. — O frère, peux-tu le dire ainsi?...

LA FEMME DE LOT, à Sarai. — Moi tu sais, il n'y a qu'une chose qui m'intéresse, c'est de connaître la vie,

et c'est de voir les gens et leurs manières ; c'est si curieux ! Je voudrais tout savoir et posséder des jolies choses !

Il y en a tant d'autres qui en ont ! Et quand on a de l'argent ! Et puis moi j'ai des filles qu'il faudra marier ; ce n'est pas comme toi !...

Comme vous allez vous ennuyer dans ces montagnes, et comme je vous plains !...

Adieu bonnes gens, adieu !

Mais nous jouirons des biens de ce monde, et nous saurons ce que c'est que la vie !

Les FILLES DE LOT. — Hou, hou, nous nous amuserons !

Adieu, adieu, adieu !

Elles dansent comme des petites folles. LOT et SA FEMME et SES FILLES s'éloignent.

SARAI. — Ha ! tu t'es laissé jouer !

ABRAM, s'asseyant. — Encore ceux-là dont nous sommes séparés, et voici que nous restons seuls !... Seuls ! Cela est dur !

Mais nous demeurerons sur ces montagnes, et aucun mal ne nous y atteindra !

...Amertume ! J'ai dans la bouche le goût amer de l'absinthe. - N'y aura-t-il donc point pour moi de douceur? - La dureté toujours sera-t-elle mon partage? La dureté avec la sécheresse ! -

AGAR, une cruche sur l'épaule, passe, allant chercher de l'eau ; Abram la suit des yeux.

ABRAM. — N'est-ce pas là Agar, ta servante égyptienne ?...

Comme elles portent l'eau, ces filles d'Egypte ! Certes elle est gracieuse! Elle a des yeux pleins de douceur... de douceur et de tendresse !...

AGAR repasse portant sa cruche pleine.

Et elle éclate de jeunesse, comme la pousse fraîche de l'année.

Il se lève brusquement.

Voilà que je suis riche maintenant !

J'ai connu la pauvreté, la faim et la soif, et les dangers et les attaques,

j'ai surmonté tout !

Maintenant j'ai des bœufs, des ânes, des brebis, des chameaux, des serviteurs et des servantes, de l'argent et de l'or ;

mais à quoi me sert tout celà, si je passe ma vie sans avoir d'enfant,

un fils qui sorte de mes entrailles, et mon serviteur sera mon héritier !...

La suite des générations s'est succédée jusqu'à moi de père en fils depuis la création du monde,

et elle s'arrêterait à moi !...

Parce que nos pères ont péché nous devons mourir, mais il nous est donné de vivre dans nos enfants ;

et moi je mourrais tout entier !...

SARAI. — O honte sur moi qui n'ai point donné la vie !

Tout porte fruit et germe sur la terre autour de moi, et cette péronnelle de femme de Lot lui a donné du moins deux filles,

mais moi seule je reste stérile !

Le cœur me manque à cette idée !...

ABRAM, revenant et s'asseyant à côté d'elle. Ne te désespère pas, ma femme !

L'enfant que nous n'avons pas eu, nous pouvons l'avoir encore.

C'était la secrète amertume de cette séparation d'avec mon frère qui me montait aux lèvres

tout à l'heure, et que ces enfants que j'aimais soient partis sans un mot !...

Mais voilà que ça est surmonté à son tour !

il se lève.

Dieu ne m'a-t-il pas promis une postérité dans les âges? je ne douterai pas de sa promesse !...

il s'éloigne.

SARAI, seule ; elle secoue la tête.— ... Il s'obstine dans son espérance, avec son sens étroit et dur,

et il croit toujours !

Mais moi je ne me bercerai point d'illusion !

Cet enfant que nous n'avons pas eu étant jeunes, nous ne l'aurons pas dans notre vieillesse ;

ce serait absurde de le croire !

Mais il faut que je me fasse une raison, me montrant femme de bon sens et d'expérience,

parce que nous autres femmes nous sommes en cela bien supérieures aux hommes.

C'est à moi à lui venir en aide,
à aider les promesses que Dieu lui a faites !...
Cette fille, Agar l'égyptienne, qui est obéissante et douce, et qui est dans ma main ;
je la donnerai à Abram.
Peut-être aurai-je des enfants par elle, et l'opprobre sera ôté de sur moi !

Petite musique d'orgue.

SARAI s'en va.

ABRAM vient, tenant AGAR par le poignet.

ABRAM. — J'ai pris une biche du désert, j'ai pris une gazelle sauvage.

Je tiens mon amie par la main, par le petit doigt je tiens mon amie,

et tantôt à moi je l'attire, comme une branche chargée de fruits,

et tantôt de moi je l'écarte, comme un bouquet pour le mieux voir,

un bouquet de marjolaine, un bouquet de thym fleuri,

et quand elle est loin, j'ai envie de la vie, et quand elle est près, j'ai envie de mourir.

AGAR. — Attire-moi, pour que je sois près de toi.

ABRAM. — Je dirai au joailler qu'il te fasse un beau collier de perles bleues, et je dirai à l'orfévre qu'il te fasse une chaîne d'or, afin d'être sûr que tu ne pourras pas t'en aller.

AGAR. — Je n'ai pas besoin de chaîne ni envie de collier, car je n'y songe pas, hélas ! à m'échapper d'ici,

à m'enfuir loin de toi. Loin de toi, où irais-je ?
toi qui es tout pour moi !...

Mais c'est toi le premier qui voudras me chasser.

ABRAM. — Je ne te lâcherai pas de ma main !...

Comme une fleur que j'ai cueillie sur mon chemin aride, une fleur foncée de violette, et je l'aspire ;

comme un fruit dans la bouche, dans la journée de soif,

et comme la fraîcheur de nuit après la chaleur du jour, et comme la chaleur du jour après la fraîcheur de nuit !

AGAR. — O maître, et toi tu es comme un grand arbre dans le désert,

il n'y a rien que lui au milieu de la plaine
et moi petite, je me tiens assise à son ombre.

Tu es le monde entier pour moi, mon bien-aimé !

J'avais une vie, une humble vie à moi, mais je l'ai donnée, et maintenant je suis comme si je n'existais plus !...

Mais qu'est-ce que je dis ? bien plutôt j'existe deux fois,

fière de mon amour, et fière de l'espoir qui m'est venu à présent !...

... Mais voici derrière nous celle qui nous épie toujours de ses yeux jaloux!

SARAI s'est avancée.

SARAI, à part. — Oh ! j'avais cru, j'avais pensé !... mais ce n'est pas ainsi que je l'avais pensé !...

Regardez-moi cette petite servante !

AGAR, les mains sur les hanches. - Oh ! regardez-moi, maîtresse, regardez-moi bien seulement ! .. Oui, oui !...

Et moi aussi je vous regarde, et moi je ne vois rien !

Elle s'éloigne·

SARAI. — L'outrage qu'on me fait, il rejaillit sur toi !

J'ai mis ma servante dans ton sein ; mais depuis qu'elle a vu qu'elle est enceinte,

elle me méprise.

ABRAM. — Prends garde que je suis le maître !

SARAI — Et moi ne suis-je pas ta femme, que tu as épousée dans la maison de ton père?

Quand tu as quitté la maison, ne t'ai-je pas suivi avec obéissance?

Les peines et les fatigues, et les dangers et les alertes,

et quand il y a eu de la misère au commencement, est-ce que je n'ai pas tout partagé avec toi?

J'ai toujours été à ton côté comme une bonne femme,

et tenu ta maison, les serviteurs et les servantes, et les prυvisions et la main à tout, en sorte que ta prospérité est autant de mon fait !...

Mais maintenant que l'Eternel soit juge entre moi et toi !

L'ANGE s'est avancé la main levée.

ABRAM, le regardant, après une lutte. —... Ta servante est entre tes mains ; traite-la comme il te plaira.

il s'éloigne, et Sarai aussi. Viennent LES DEUX SERVITEURS.

1er SERVITEUR — Il y a du bruit dans la maison, et qui voudrait chercher peut-être bien qu'il trouverait.

2e SERVITEUR. — Est-ce que ça te regarde?

1er SERVITEUR. — Ça me regarde, parce que je suis de la maison ;

ce qui est dans la maison regarde ceux qui sont de la maison.

il s'assied.

Les femmes ! tout le mal qu'elles ont fait depuis notre mère Eve, tout le mal qu'elles ont fait !

2e SERVITEUR. — Et du bien aussi.

1er SERVITEUR. — Je dis qu'il n'en faudrait point ; ça serait bien plus simple.

2e SERVITEUR. — Sans les femmes où serais-tu?

1er SERVITEUR. — Peut-être mieux où je serais resté, peut-être mieux !

2e SERVITEUR. — Qui n'aime pas les femmes, il ne s'aime pas soi-même.

1er SERVITEUR. — ... C'est égal, ça me fâche

de voir un homme comme le maître, un homme comme lui,

s'occuper de babioles pareilles !

2e SERVITEUR. — Et moi je dis : il n'y a pas mieux à s'occuper quand on est homme.

1er SERVITEUR. — Ecoute ce que je vais te dire :

l'amour c'est toujours la même chose, et la jalousie c'est toujours la même chose.

Et voilà une petite qui en fait l'expérience !

2e SERVITEUR. — Oh, oh, la pauvre...

1er SERVITEUR. — Comme on dit : A toutes heures femme pleure.

Vient AGAR, en larmes.

AGAR. — Qu'est-ce que j'ai fait, pour être ainsi traitée?

Mais je ne le supporterai pas plus longtemps !

Qu'ai-je fait autre chose que d'aimer? et est-ce ma faute si j'aime?

Cela est venu tout seul, ce qu'on m'a dit, je l'ai fait.

aux serviteurs. — Ecoutez ! je n'ai rien fait que d'obéir, comme ma nature est encline.

J'ai aimé et je me suis abandonnée, et maintenant je serai mère !

Ma maîtresse, elle, reste sèche comme la pierre du chemin, et c'est bien fait !

Mais je ne supporterai pas plus longtemps qu'elle me maltraite.

je m'en irai loin d'ici, je m'enfuirai !

1er SERVITEUR. — Va, sauve-toi, la belle, fuis loin d'ici !

Fuis loin d'ici, là où on n'attelle pas la pouliche avec la jument.

Va, sauve-toi, la belle !

2e SERVITEUR. — Je te dis, moi, accepte ton sort, soumets-toi !

1er SERVITEUR. — Ne l'écoute pas, ce n'est rien qu'un âne, un âne bâté !

Allez, âne !... au travail ! Il faut gagner ta vie !

2e SERVITEUR. — Tu es bien forcé d'y aller aussi !... de peiner aussi.. C'est la loi d'ici-bas, la peine !

ils s'en vont.

AGAR, *seule.* — Je m'en irai, je m'enfuirai d'ici ! O Dieu, où irai-je?

J'irai droit devant moi, jusqu'à ce que j'arrive où Dieu me conduira...

O Dieu, le désert qu'il est grand !

Et je m'éloigne de lui à chaque pas, de celui que j'aime...

Hélas, je suis déjà seulette, il n'y a personne qui me voit,

les bêtes sauvages vont venir, et elles me mangeront.

elle pleure.

... O Dieu d'Abram, toi tu me vois !...

L'ANGE vient au devant d'elle ; elle fait un geste de surprise, mais non d'effroi.

Ha ! justement je le disais, que tu viendrais.

L'ANGE. — Agar, servante de Sarai, d'où viens-tu et où t'en vas-tu, pour que je te rencontre ainsi près de cette fontaine au désert?

AGAR. — Seigneur, je fuis devant Sarai ma maîtresse, parce qu'elle me maltraite à cause de l'enfant que j'ai conçu.

L'ANGE. — Retourne maintenant à ta maîtresse, et t'humilie sous sa main.

Et écoute ce que j'ai à t'annoncer :

Je multiplierai tellement ta postérité, qu'elle ne pourra pas se compter,

tellement elle sera grande.

AGAR. — Seigneur, est-ce possible?

L'ANGE. — Voici tu as conçu et tu enfanteras un fils que tu appelleras Ismaël,

car l'Eternel a entendu la voix de ton affliction.

Il sera semblable à un âne sauvage ; sa main sera contre tous, et la main de tous contre lui ;

et il dressera ses tentes à la face de tous ses frères...

L'ANGE passe.

AGAR. — ...Tu es le Dieu fort qui m'a vue !

Et moi n'ai-je pas vu celui qui me voyait?

Qui suis-je, pauvre fille, pour que l'Ange de Dieu m'apparaisse comme il apparaît à Abram mon maître,

et Sarai ma maîtresse ne l'a jamais vu !

Mais à moi il s'est montré, je l'ai vu comme il me voyait, c'est pourquoi j'appelerai ce puits le puits du Vivant qui me voit...

Dieu, une postérité tellement grande qu'elle ne pourra se compter, tellement elle sera grande,

sortira de moi !

Rien que de penser une chose pareille me confond de bonheur...

A présent je retournerai vers les tentes, et je m'humilierai devant ma maîtresse,

que m'importe maintenant, que m'importe !

J'ai été orgueilleuse, mais qu'y puis-je de moi-même à cette grande chose qui m'arrive? Je n'y puis rien !

C'est pourquoi je serai humble !...

O bonheur d'être humble, quand on a cette chaleur dans le cœur !

J'irai et je chanterai un cantique à l'Eternel! tellement je suis heureuse :

O Dieu, il naîtra de moi, humble fille,

un fils, qui sortira de mes entrailles !

Et de lui naîtront des fils et des filles,

et d'eux à leur tour, à travers les âges, des fils et des filles !

Je serai leur mère, quand bien même ils ne me connaîtront pas ;

ce sang qui coule à présent dans mes veines, ce sera leur sang ;

ils me béniront dans leur cœur secret, parce que c'est à moi qu'ils devront la vie ;

et leur vie, ô merveille, découlera de moi !...

LE CHŒUR chante un PSAUME pendant lequel AGAR s'en va. Puis paraît Abram au devant de qui s'avance l'Ange.

Le Psaume fini, l'ANGE parle.

L'ANGE :

Je suis le serviteur du Dieu fort, tout-puissant, qui te dit : « Marche devant ma face et en intégrité.

Et je ferai alliance avec toi et je te multiplierai très abondamment ».

Abram tombe sur la face,
et l'Ange lui dit :

« Quant à moi mon alliance est avec toi : tu deviendras père d'une multitude de nations.

Tu ne seras plus appelé Abram, mais ton nom sera Abraham, car je t'ai établi pour être le père d'une multitude de nations.

Et je te ferai croître très abondamment, je te ferai devenir des nations, même des rois sortiront de toi.

J'établirai mon alliance entre moi et toi, et entre ta postérité après toi dans leurs âges pour être une alliance éternelle, afin que je sois ton Dieu et le Dieu de ta postérité après toi.

Et je te donnerai et à ta postérité après toi le pays où tu demeures comme étranger, tout le pays de Canaan, en possession perpétuelle, et je serai leur Dieu.

Quant à Sarai ta femme, tu ne l'appelleras plus Sarai, mais son nom sera Sara.

Et je la bénirai, et même je te donnerai un fils d'elle ; je la bénirai et elle deviendra des nations, et des rois de peuples sortiront d'elle...“

Fin de la 2e partie.

ENTR'ACTE.

IIIme PARTIE

LES QUATRE SERVITEURS, tout en disposant des bancs et une table, et en mettant dessus du pain et un broc de vin, improvisent une chanson dont ils se lancent les uns aux autres les rimes. Ils chantent.

C'est une vieille femme,
n'avait point d'enfançon.
Dieu en pitié l'a prise,
lui fit un beau garçon.
Et d'avoir mis au monde
ce fameux rejeton
De ce qu'elle en est fière,
n'y a pas de comparaison.
Au bout de son année
a mis ses quatre dents,
Avec lesquelles il pince
le bout de son suçon.

Aussi sans autre histoire,
et pour sa punition,
Dans ce jour on y sèvre
le jeune polisson.
Et c'est pourquoi nous autres,
gais comme des pinsons,
Pour cette grande fête
la table préparons.
Et sur la nappe blanche
tour à tour y mettons
Du pain et cette fiole
qui n'est pas du poison.
Et c'est pour y complaire
que nous y composons
Avec de belles rimes
cette belle chanson.

UN DES SERVITEURS. — Les voilà qui viennent. Silence !

LES AUTRES. — C'est bon, je ne dis plus rien.
— Plus un mot !
— Bouche close !

Vient ABRAHAM, suivi de SARA portant dans ses bras un enfant, de LOT, des SERVITEURS, puis d'AGAR et d'ISMAEL, jeune garçon de treize ans.

ABRAHAM. — Venez, asseyez-vous !
Prenez et mangez le pain et le vin en ce jour de fête,
le pain et le vin que donne le père de famille à ceux qu'il aime...

Jour de joie en effet que celui où nous sevrons cet enfant,

mon fils Isaac, que Dieu m'a donné dans ma vieillesse.

Mais béni soit celui qui a été longtemps attendu et qui enfin est venu ;

la joie qu'il apporte est plus grande.

Il distribue le pain. L'ANGE s'est avancé derrière lui.

L'ANGE. — Pauvre homme qui crois que tu as atteint le sommet, parce que te retournant et découvrant le chemin parcouru tu t'arrêtes !

il est encore rude et long devant toi le sentier de la victoire.

Cependant repose-toi un instant avant de repartir.

ABRAHAM. — Ecoutez, je vous dirai une bonne et grande chose : ce qu'on attend avec confiance tous les jours de sa vie,

cela se réalise, tôt ou tard.

Pour moi voici que je ne mourrai pas tout entier, mais je vivrai dans ceux que j'ai engendrés !

Dieu a fait du bien à son serviteur, cent fois et mille fois autant ;

comme celui qui moissonne, pour un grain qu'il a semé, il en récolte mille !

LOT, il fait fréquemment le geste d'écarter quelque chose de devant ses yeux. — Oui, tu as de la chance, frère, tu as toujours eu de la chance,

tandis que moi !...

Voilà où j'en suis réduit, à faire chez toi le pique-assiette,

oui, oui, le pique-assiette, ha, ha, ha !

Après ce que j'ai possédé, autant au moins que toi, et maintenant, rasé !

Pas ça ! il ne me reste pas ça !

Qu'est-ce que ça fait? rien ne fait rien ! sauf de boire un bon coup !

Et ton vin n'est pas mauvais, quoique j'en aie bu du meilleur.

SARA. — A chacun selon ce qu'il mérite ! Dieu nous a fait prospérer merveilleusement,

et maintenant nos vœux sont comblés avec cet enfant.

Ha, ha, ha ! qui eût dit à Abraham que Sara lui allaiterait un fils dans sa vieillesse !

Dieu m'a donné sujet de rire, et tous ceux qui l'apprendront riront avec moi.

ISMAEL, à Agar. — Mère, regarde comme elle couve des yeux son petit, comme si c'était une merveille !

On sait pourtant ce que c'est d'avoir un enfant ; ça n'est pas tant sorcier.

AGAR. — Tiens-toi tranquille, Ismaël.

Sara lui jette un mauvais regard.
Les serviteurs se poussent du coude.

ABRAHAM. — C'est l'Eternel qui gouverne le monde,

et nous ne sommes que ses instruments ;

nous allons, sans savoir où il nous conduit, nous

marchons les yeux fermés, mais il nous dirige et nous n'avons qu'à marcher.

Telle est mon idée depuis longtemps, mais aujourd'hui je la déclare tout haut,

parce que je suis heureux, et me voilà entouré de tous ceux que j'aime...

Mais vous, dites-le moi aussi que vous m'aimez !

Il se tourne vers Sara, qui se détourne avec humeur.

ABRAHAM. — Qu'est-ce qu'il y a à présent?... Ce sont bien là tes humeurs, ma femme !

Qu'importe !... Et vous, que dites-vous?

LOT. — Tu es un bon frère, oui, tu es un bon frère, et tu as toujours été un bon frère !

Quand tu es venu me chercher dans ma caverne après ces affreux événements... mais il n'y faut pas penser...

il fait son geste.

Ha ! ha ! ha ! la vie qu'on y menait, dans cette grotte !

on ne mangeait que des petits fruits sauvages, mais on avait du vin !

une bonne outre de vin, la seule chose que j'avais sauvée du naufrage.

Et avec ça on menait joyeuse vie quand même.

Mes filles ! Que sont-elles devenues à présent? Et ma femme, ma pauvre femme !

Et moi qui suis tombé si bas !

1er SERVITEUR. — On veut dire aussi quelque chose, pour faire voir qu'on sait causer.

Comme on dit : qui bien fera bien trouvera, qui mau fera mau trouvera, et il fait bon être à un bon maître : plus il prospère, plus il nous fait du bien.

On se ressent les uns des autres, dans le bonheur comme dans le malheur.

Ainsi donc on est bien heureux de vous voir heureux et dans de bons draps ; c'est comme ça !

Seulement attention ! il y a des fois des embûches qui s'ouvrent sous vos pas, et il ne faut pas dire hue que l'on n'ait passé le riu.

Mais ça c'est votre affaire, ça ne nous regarde pas.

Ce que je voulais dire, c'est qu'on vous aime bien pour tout le bien que vous nous faites,

et puis c'est bon ! Qui parle peu parle bien, comme on dit,

et quand l'est bon l'est prau, quand l'est bon l'est prau !

2e SERVITEUR. — Si on vous aime, maître, c'est parce que c'est vous !

ABRAHAM. — Heureux qui a de bons serviteurs.

AGAR. — Comment n'aimerait-on pas qui nous aime ?

ISMAEL, vivement. — Père, moi je vous aime de tout mon cœur, et j'irai vous tirer un pigeon avec mon arc.

ABRAHAM, se levant et passant sa main sur sa tête. — Enfant sauvage et franc !

Comme il a été dit de toi : semblable à un âne sauvage !...

... Et maintenant allez !

Ils sortent tous, sauf Sara ; les serviteurs emportent la table et les bancs.

ABRAHAM, s'avançant pour caresser l'enfant dans les bras de Sara. — O nouvel enfant ! promesse accomplie !...

SARA, retirant l'enfant, avec violence. — Non, pas celui-ci après l'autre !

As-tu vu comme il se moquait?...

Chasse cette servante et son fils, le fils de cette servante n'héritera point avec mon fils, avec Isaac !

ABRAHAM. — C'est donc là ce que tu avais, et qui te travaillait le foie !

Mais n'est-ce pas toi qui m'as donné ta servante, et à présent tu voudrais...

Sors de devant mes yeux, et ne te risque pas d'y reparaître avec de telles paroles dans la bouche !

... Sors de devant moi, je te dis, que je ne te voie plus en ce moment.

SARA, sortant. - Sache que je ne lâcherai pas de là !

elle s'éloigne.

ABRAHAM, seul, violemment. — Jusque-là ! cela va jusque-là !...

Certes je ne me laisserai pas dépouiller, je ne me laisserai pas arracher la moitié du cœur, cet enfant qui est à moi, et cette femme que j'aime !...

Je suis le maître, ou bien quoi? je suis le maître ! N'est-ce rien que ce mot?

Ce que je voudrai seulement je le ferai ! ce que je voudrai !...

il s'assied, méditant, et regarde. L'ANGE s'approche. Abraham répète :

... Ce que je voudrai...

L'ANGE. — Ne te fais pas de souci au sujet de cet enfant, ni de ta servante ;

mais dans ce que dit Sara, obéis à sa parole,

car c'est en Isaac que ta descendance s'appellera de ton nom !

Silence. Abraham laisse tomber sa tête. Vient AGAR.

AGAR, hésitante. — Maître, est-ce que je puis m'approcher?

ABRAHAM. — Viens seulement !

AGAR, vite — O ami, est-ce que tu es fâché? Pardonne-nous si nous avons fait quelque chose de mal.

L'enfant est étourdi, mais il n'est pas méchant, je t'assure, et il a du cœur !

Et moi si je pouvais dire mon amour ! Mais je ne l'ai pas pu tout à l'heure, et je ne le pourrai jamais,

parce qu'il est trop grand, et moi-même je ne le connais pas.

ABRAHAM. — O Agar aux doux yeux, chair de ma chair et plus précieuse que ma chair,

à qui je suis lié comme par mille liens,
est-ce que je pourrais me séparer de toi?

AGAR. — Pourquoi est-ce que tu me regardes ainsi, et tu te détournes?
Je sais bien que tu m'aimes, et peut-être je voudrais que ce soit autrement et comme moi je t'aime ;
mais pourtant tu m'aimes !

ABRAHAM. — Certes ils l'ont bien dit, que l'amour est fort comme la mort,
mais que la jalousie est dure comme le sépulcre !

AGAR. — Qu'est-ce qui peut te troubler ainsi, puisque tu m'aimes?
Ne suis-je pas humble et soumise?
pareille à la souris dans la maison, qui ne fait point de bruit et se contente de peu,
pourvu qu'elle soit dans la maison !
Et puisque toi-même tu dis que tu m'aimes !...

ABRAHAM. — Mais il y a autre chose !

AGAR. — Et l'enfant aussi tu l'aimes, tout ardent qu'il est et sauvage.

ABRAHAM. — Justement à cause de cela je le chéris. —

AGAR. — Parce qu'il te ressemble !

ABRAHAM. — Et il est tendre aussi, comme toi !
Mais c'est en Isaac que ma postérité sera appelée de mon nom !

AGAR. — Il est devant toi, le fils légitime, et nous sommes dans ton ombre.

ABRAHAM. — Il faut choisir !

AGAR. — Qu'est-ce donc qui empêche que nous soyons tous autour de toi,

et que nous t'aimions comme tu nous aimes?

ABRAHAM. — Mais il faut choisir dans son cœur ! elle a raison !

... Toi qui m'es le rafraîchissement de la soif ! et je m'avancerais dans le désert aride !

O femme qui m'a été donnée et qui t'es donnée, il faudrait que je t'arrache de moi comme un morceau de ma chair vivante !

AGAR, criant. — Oh, oh ! ne me repousse pas loin de toi !

Oh, ne fais pas cette chose horrible ! car je mourrais.

ABRAHAM, à l'Ange. — Seigneur, je veux bien souffrir moi-même, puisqu'il faut ;

mais faire souffrir celle-ci !...

AGAR. — Il ne fallait pas venir me prendre quand j'ignorais ce bonheur ;

mais maintenant je me suis attachée à toi, je suis suspendue à toi comme la grappe au sarment,

et si tu me détaches, je me flétrirai, je me dessécherai !...

Et lui, et lui !... appelant : Ismaël !

Vient ISMAEL ; elle s'agenouille auprès de lui.

Ismaël, mon fils !... Et lui !... Moi qu'importe ! Mais celui-ci qui est ton fils,

qui est une goutte de ton sang !...

ABRAHAM. — Seigneur, tu le vois, cet enfant !...

L'ANGE. — Lui aussi je le ferai devenir une nation, parce qu'il est ta race.

AGAR. — Que veux-tu faire? Ah, aie pitié !

ABRAHAM, les serrant dans ses bras. — Voici donc qu'il faut décider et choisir encore une fois, et il y a ceux-ci que je vois, et que je touche, et que j'aime,

et il faudrait les faire souffrir et souffrir moi-même...

seulement parce qu'il y a l'avenir !

cet avenir éloigné, que je ne connaîtrai jamais...

se retournant.

mais où se tiennent les promesses...

il se tourne vers les rois que L'ANGE lui montre et qui tendent les bras.

Les rois de peuples, et ce mystère obscur qui nous rachètera de la mort !

L'avenir qui me réclame ! qui a droit sur moi..!

MARIE aussi tend vers lui ses bras.

Ah !... ah !... quelle est cette force plus grande que tout?

L'ANGE. — Du haut du ciel où nous faisons séjour regarde-les qui t'implorent, ceux qui sont le meilleur avenir, et qui te tendent les bras du haut du ciel !

Agar s'avance.

ABRAHAM, l'écartant. — Toi qui me caches le ciel, femme, toi qui me caches l'avenir, retire-toi, va-t-en !

AGAR, serrant Ismaël. — O enfant, enfant !

ISMAEL. — Mère, qu'y a-t-il?

AGAR. — Est-ce que je sais moi-même? C'est dans ma tête comme des cloches qui sonnent.

Est-ce que je peux comprendre? je ne suis pas intelligente, je ne sais rien qu'aimer !

Abraham s'éloigne.

Je n'ai qu'une pauvre tête, et tout est dans mon cœur !

Mais peut-être est-ce un moment qui est déjà passé, une imagination qui lui est venue ;

les hommes sont ainsi, on ne sait pas !

Il faut leur laisser le temps, il faut qu'ils oublient, qu'ils se résignent.

puisque c'est ainsi dans le monde.

Et sans doute que tout n'est pas pour le mieux, mais c'est ainsi,

et ils croient qu'ils peuvent le changer, mais ils n'y peuvent rien, parce qu'ils ne savent pas aimer !

— O mon fils, parce que tu es là et que je te serre dans mes bras, tout est changé !

Mais du moins ils ne t'enlèveront pas à moi !

ISMAEL. — Maman, moi je te défendrai !

ABRAHAM revient ; il tient à la main la cruche d'eau.

ABRAHAM. — Prends ta cruche — hélas — et t'en va avec ton fils !

AGAR. — Nous en aller loin de toi !

ABRAHAM. — Il faut !

AGAR. — Nous en aller loin de toi pour toujours !

ABRAHAM. — Je te le dis : il faut !

AGAR. — Loin de la maison, loin des gens, loin de toi, loin de toi !...

Mais qu'est-ce que je t'ai fait, en quoi t'ai-je manqué?

N'ai-je pas été fidèle, n'ai-je pas aimé?

ABRAHAM. — Cela n'empêche pas.

AGAR. — Et lui, et l'enfant ! Il mourra !

ABRAHAM. — Dieu le nourrira ; allez !

ISMAEL. — Mère, je suis grand ; je tuerai du gibier au désert avec mes flèches !

AGAR. — O mon fils !... à Abraham. Comment peux-tu être si dur?

ABRAHAM. — C'est Dieu qui l'ordonne.

AGAR. — Dieu ne peut pas vouloir une chose si horrible.

ABRAHAM. — Dieu est sévère et juste.

AGAR. — Il est bon et tendre !... Pourquoi les cœurs des hommes sont-ils pleins de jalousie et de dureté?

sinon tout serait beau !

Moi qui aimais !...

Ah ! pauvre que je suis, quelque douleur que j'endure, je ne cesserai pas d'aimer.

ABRAHAM. — Hâtez-vous, partez d'ici.

Il lui met la cruche sur l'épaule.

AGAR. — J'aimerai toute ma vie, et jusqu'au dernier souffle !

Alors, même cela qu'importe ! même cela qu'importe !...

Elle s'éloigne avec Ismaël. Abraham les regarde s'éloigner. Vient SARA avec l'enfant.

SARA. — Est-elle partie?... Que Dieu soit loué !

Abraham avec passion va prendre l'enfant dans les bras de Sara.

ABRAHAM. — avec des pleurs. — O enfant,
enfant auquel il fallut de tels sacrifices, avenir, unique espérance !...
O vous qui naîtrez de lui, regardez-le à cette heure,
descendants, rois promis !
Il me semble que je vous vois au travers de mes larmes,
de mes yeux obscurcis de larmes, de mes yeux éclairés de larmes !...
O joie, payée par combien de douleurs !
promesse consentie par tant de sacrifices !...
— Mais est-ce tout? suis-je au bout des souffrances?
Jusqu'où, ô Eternel, jusques à quand?...
Hé quoi ! voici que je n'ai plus maintenant à moi que cet enfant,
celui de ta promesse !...

LE CHŒUR chante un PSAUME de douleur.

Fin de la troisième Partie.

IVème PARTIE

ABRAHAM vient d'un côté ; du côté opposé vient l'ANGE ; ils se trouvent face à face. Abraham se cache le visage de son manteau.

ABRAHAM. — Seigneur, je te rencontre de nouveau !

L'ANGE. — Abraham !

ABRAHAM, très bas. — Me voici.

L'ANGE. — Prends maintenant ton fils, ton unique,
celui que tu aimes, Isaac,
et va-t-en sur la montagne de Morija
pour l'offrir en sacrifice
au lieu que je te dirai.

Abraham tombe à genoux.

ABRAHAM. — ...Seigneur, j'ai mal entendu ! N'est-ce pas que j'ai mal entendu ?

Silence.

Celui que tu m'as promis, celui que j'ai attendu et que tu m'as donné !

Que tu me l'ôtes à présent, que tu me le retires !...

Que je le sacrifie, que moi-même je l'offre !

Seigneur, tu ne peux pas vouloir cela, cette chose horrible !

Silence encore.

Plus que lui, je n'ai plus que lui ! Mon pays où je suis né et ma famille,

et la femme que j'aimais, et mon fils Ismaël,

tu m'as séparé d'eux tous ; tu as étendu ta main entre eux et moi ;

je ne les ai plus vus !

Voici qu'il ne me reste plus que le fils légitime, l'hériter de tout,

et tu veux me le prendre ! — —

Je ne suis qu'un pauvre vieil homme après tout, qui n'a plus rien qu'un enfant à aimer !...

Seigneur, laisse-le moi !

Silence. Abraham se relève.

Seigneur, je contesterai avec toi ! Pourquoi moi toujours, moi plutôt qu'un autre ?

Les autres vivent heureux et tranquilles ; pourquoi y a-t-il toujours sur moi ta volonté ?

Pourquoi cette lutte que tu as engagée avec moi, autrefois et toujours ?

Ces coups sur moi, coup sur coup sans relâche, et celui-ci plus fort que tous les autres ?

Pourquoi, Seigneur, pourquoi ?

Geste de l'Ange. Silence.

Seigneur, tu exiges et tu dépouilles ; mais lorsqu'on t'interroge, tu es muet !...

Silence encore. SARA vient, tenant par la main un jeune garçon de douze ans, ISAAC.

ABRAHAM, courant à lui. — Isaac !... mon fils Isaac !...

SARA. — Qu'y a-t-il à son sujet ? Qu'as-tu à le regarder ainsi ?
Je le ramène de la moisson parce qu'il a chaud à la tête, et j'ai peur pour lui du soleil.

ABRAHAM. — Fais voir !... Hélas ! il faudrait que ce soit moi...

SARA. — Qu'est-ce que tu veux faire ?... Dis, réponds !...
Mais tu ne me dis plus rien, tout renfermé en toi-même avec tes idées,
et on ne sait pas avec qui tu causes, tout seul !

Abraham regarde l'Ange.

ABRAHAM, à l'Ange. — Oh !... regarde-le, regarde cette tête blonde, regarde ces yeux et cette bouche ;
et regarde ce cou, hélas ! ce petit cou, qui est tellement joli !... Et il faudrait...
Regarde-le !... Mais tu n'es pas le père !...

SARA. — Tu as perdu l'esprit ! A qui est-ce que tu parles ?
Laisse l'enfant, laisse-le !

elle lui arrache l'enfant.

ABRAHAM. — Oh ! je ne pourrai pas, et je ne veux pas !...

Va, femme, va le coucher à l'ombre, de peur que le soleil ne lui fasse le moindre mal.

Soigne-le bien... mon fils !...

Sara s'en va avec l'enfant. L'Ange se détourne. Les rois cachent leurs visages.

ABRAHAM. — O Seigneur, tu te détournes de moi !... O Seigneur, tu t'éloignes !...

L'Ange s'en va. Viennent les deux SERVITEURS.

1er SERVITEUR. — Maître, on ne sait pas, on a fini les Grandes-Poses, faut-il moissonner les hauts à présent,

ou bien prendre les bas ?

Moi je n'ai rien à dire ; c'est sûr que je n'ai qu'à me taire ;

mais comme on dit : en devisant on s'entend.

Et mon avis c'est qu'on ferait aussi bien de commencer par les bas, parce qu'en haut la terre est plus dure,

en haut la terre est plus dure.

2e SERVITEUR. — Ne vois-tu pas qu'il ne t'écoute pas ?

ABRAHAM. — De quel côté me tournerais-je ? Voici que l'avenir s'est obscurci !

Et comment existerait-il, s'il n'y a plus cet enfant sur lequel il repose?

Voilà, j'ai tout sacrifié à cette attente, et maintenant c'est elle que je sacrifierais !...

1er SERVITEUR. — Il est de nouveau dans un temps où il a ses idées.

Et en voilà un autre qui vient avec ses lubies aussi, seulement c'est un autre genre.

Des fous, tous deux des fous, et comme on dit : tant plus vieux, tant plus fou !

Vient LOT. Il fait avec la main son geste.

LOT. — Ecoutez, mes amis, puisque je vous rencontre, mes bons amis — parce que vous êtes mes bons amis !...

vous ne me trouveriez pas, pour me sortir de ces idées, comprenez-vous,

un coup à boire?

un petit coup, un bon petit coup, mes bons amis !..

Les serviteurs lui montrent du geste Abraham, qui maintenant les regarde.

...Ah ! tu es là ! Je ne t'avais pas vu...

C'est que je suis un petit peu triste, ce matin. Toujours ça devant les yeux, la pluie de feu et de soufre,

et l'incendie, et la ruine de tout ce que j'avais.

C'est terrible, terrible ! Il pleure.

ABRAHAM. — O frère, en es-tu là?

LOT. — Pourtant je n'étais pas mauvais ! J'étais même trop bon ; elles ont fait de moi ce qu'elles ont voulu.

Les femmes, ça ne croit à rien qu'à des bêtises, et ça veut tout savoir !

Elles ont été punies. Une statue de sel ! Et les

autres, quels enfants est-ce qu'elles ont faits? c'est du joli !

Et moi flambé, voilà ce que c'est !

Il s'éloigne.

ABRAHAM. — Est-ce ainsi?... Certes, il y a un jugement de Dieu dans ce monde,

et il ne sera pas trouvé menteur !...

Je ne comprends pas, je ne vois pas, et je souffre : mais je me fierai à l'Eternel !

Il est l'Eternel, et moi je ne suis qu'un homme qui passe.

Je vais comme un aveugle et je ne vois pas où je marche, ni où j'arriverai,

mais j'irai toujours !

Et même s'il faut que je sacrifie mon enfant et ma postérité à jamais !...

pourvu que l'Eternel soit avec moi et qu'il ne m'abandonne pas !

Les rois peu à peu se sont redressés, levant les mains. SARA paraît.

SARA. — L'enfant est couché et il dort.

ABRAHAM. — O femme, tu ne sais pas ce que tu dis, et il ne s'agit pas maintenant de dormir ; va l'éveiller !

SARA. — Qu'est-ce que tu veux faire avec lui?

ABRAHAM. — Ce que Dieu m'a commandé.

appelant les serviteurs. Toi, mets une charge de bois sur ton dos, et toi prends une corde, et prends aussi mon couteau !

Et venez avec moi. Ils sortent.

SARA. — Qu'est-ce que cela signifie? qu'est-ce que cette corde et ce couteau?

Que t'a commandé ton Dieu? qu'a-t-il à faire avec Isaac?

ABRAHAM. — Les serviteurs et moi, avec l'enfant, nous irons faire un sacrifice à l'Eternel,

sur la montagne de Morija, comme il l'a ordonné...

Et puis nous reviendrons.

SARA. — Ce n'est pas cela seulement, il y a autre chose, je le sens bien !

Crois-tu que ce soit pour rien que je suis mère?

Je ne le laisserai pas aller avec toi !

ABRAHAM. — Ce que je te dirai tu le feras, et moi-même j'irai l'éveiller.

il va pour prendre l'enfant.

SARA. — Mon Dieu, s'il a mal à la tête, s'il a mal à la gorge !... Laisse-le dormir, le pauvre petit !

Va, toi, si tu veux, faire des sacrifices. Mais lui, qu'est-ce que l'Eternel a à faire avec lui, à son âge?

Que Dieu l'oublie seulement !

Qu'il oublie ceux qui sont heureux, et qu'il s'occupe seulement de ceux qui l'invoquent !

Dieu nous a poursuivis assez longtemps, qu'il nous laisse maintenant en repos !

Je ne sais ce que tu as de nouveau avec lui, mais je ne veux pas qu'il ait rien à faire avec mon enfant ;

j'en ai bien trop peur !

ABRAHAM revient avec ISAAC.

ABRAHAM. — O femme insensée !

ISAAC, se frottant les yeux. — Papa, où il faut aller est-ce loin?

SARA. — Mais moi je ne te laisserai pas aller, mon chéri ; mais moi je te retiendrai de toutes mes forces ;

moi je veux te garder près de moi, et tu ne me quitteras jamais, jamais !

elle l'embrasse.

ABRAHAM. — Veux-tu t'opposer à Dieu, femme? Est-ce qu'on peut s'opposer à Dieu?

C'est lui qui commande en toutes choses, et il faut obéir.

SARA. — Je ne veux pas !

ABRAHAM. — Alors tu m'obéiras à moi. Je te dis et je te commande : laisse-le aller !

SARA. — Eh bien je vous suivrai.

ABRAHAM. — Laisse-le aller, et toi rentre dans la tente !...

Elle fait un geste de désespoir.

plus doucement. O femme, femme, ne te tourmente pas ainsi et ne te désespère pas, aie bon courage !

Dieu ne nous le prendra pas, il le conservera.

Et même s'il le conduit jusque sous les portes de la mort, il peut le ressusciter ; n'a-t-il pas toute puissance?

Sans doute est-ce là une épreuve ; il nous faut avoir confiance en Dieu, il nous faut lui faire confiance !

SARA. bas — Je n'ai point de confiance.

ABRAHAM. — Est-ce ainsi ?... Alors hélas sur toi, ô femme !

Nous, allons !

Ils s'avancent.

SARA. — Oh ! Dieu est dur !

ABRAHAM. — Et toi, femme, n'as-tu pas été dure ? Souviens-toi !

SARA. — Mais je ne l'ai pas séparée de son enfant !...

Mon fils, mon Isaac ! Oh ! quel tourment et quelle angoisse !

ISAAC. — Maman, n'aie pas peur ; qu'est-ce qu'il peut m'arriver de mal, puisque papa est avec moi ?

ABRAHAM. — Pour nous nous aurons confiance. Viens, enfant !

SARA. — On me l'arrache tout vif du cœur !

O Dieu, jamais je ne le reverrai ! ô Dieu, il est perdu, j'en suis sûre !

C'est fini, c'est fini !

1er SERVITEUR. — Voilà bien des affaires pour un petit voyage, bien des histoires !

Sara s'en va. Abraham et Isaac, qui s'étaient éloignés suivis des serviteurs, reviennent comme s'ils continuaient leur chemin.

ISAAC. — L'oiseau, oh, le joli oiseau qui toujours devant nous s'envole !

ABRAHAM, à Isaac. — Mon fils, regarde la grandeur des choses que Dieu a faites,

ces plaines qui s'étendent, et ces montagnes qui se dressent au loin,

tout cela est l'œuvre de ses mains...

ISAAC. — L'oiseau, l'oiseau, il est tout jaune, il est tout bleu ; le voilà encore qui se pose.

ABRAHAM. — Les bêtes des champs, les oiseaux de l'air, les poissons de la mer,

nous-mêmes, il nous anime de son souffle.

Qu'il ôte son souffle et nous redevenons pareils à cette cendre du chemin...

ISAAC. — Je le sais, mais pourquoi dis-tu ça?

ABRAHAM. — Il est donc juste et raisonnable que nous fassions sa volonté en toutes choses,

que nous acceptions sa volonté, si dure soit-elle,
que nous fassions sa volonté, jusqu'à la mort !...

ISAAC. — Oiseau, que dis-tu dans ton joli chant? voilà que tu t'envoles !

Je suis si fatigué !

ABRAHAM. — Oh oui, c'est long !... Et pourtant que le terme de cet affreux voyage soit encore loin,

levant les yeux. Hélas ! Voici le lieu !...

ISAAC — Papa, qu'est-ce que tu as?
Papa, j'ai peur !

L'ANGE s'avance, venant au devant de lui. Isaac seul semble le voir.

L'ANGE — N'aie pas peur, enfant ; va avec courage, et garde bon espoir.

Vois-tu, moi je vous accompagne.

ISAAC. — Oh alors, si tu nous accompagnes, je n'aurai plus peur.

Père, allons si tu veux ! A présent je ne suis plus fatigué. Veux-tu que nous allions à présent?

ABRAHAM. — C'est moi maintenant qui ne peux plus...

aux serviteurs. Donne la corde et le couteau, et toi mets le bois sur l'enfant.

1er SERVITEUR. — Ce pauvre petit, c'est pitié. Un enfant tellement joli !

2e SERVITEUR. — Et tellement doux !

L'ANGE. — Je t'aiderai à le porter.

ISAAC. — Comme ça je ne sens rien, je ne sens presque rien.

Merci, oh merci bien !

ABRAHAM. — A qui est-ce que tu parles ainsi?

ISAAC. — Papa !

ABRAHAM. — Mon fils.

ISAAC. — Voici le bois et le couteau ; mais où est la bête pour le sacrifice?

ABRAHAM. — Dieu se pourvoira lui-même de la bête pour le sacrifice.

ISAAC. — Oh, avec toi je n'ai pas peur.

Pourquoi est-ce que tu trembles ainsi, papa? je sens ta main qui tremble.

Il ne faut pas trembler ! Regarde, moi je ne tremble pas.

ABRAHAM. — Hélas, hélas, moi je sais et je vois.

ISAAC. — Mais moi aussi je sais ; c'est toi qui ne vois pas !

Est-ce que tu ne vois pas celui qui marche à côté de moi et qui m'encourage?

ABRAHAM. — Hélas, pauvre enfant !... Mais je ne perdrai pas confiance jusqu'au bout, jusqu'à la dernière minute.

Pose ici le bois !... Oh ! que j'aie la force, Seigneur !

il lie son fils.

L'ANGE. — N'aie pas peur ; tu vois, je suis là !

ISAAC. — Si tu me regardes ainsi, je n'aurai pas peur.

1er SERVITEUR. — Qu'est-ce qu'il fait, bon Dieu, qu'est-ce qu'il fait à présent? Il a chassé un de ses fils, à présent il égorge l'autre !

2e SERVITEUR. — Dieu aie pitié de nous !

Un grand silence ; tous les personnages du fond sont debout. ABRAHAM lève le couteau.

ABRAHAM, dans un transport. — Non pas ce que je veux, Seigneur, ce que tu veux !...

L'ANGE, arrêtant son bras, et très doucement : Abraham, ne porte pas ta main sur l'enfant, et ne lui fais point de mal.

Car j'ai connu maintenant que tu crains Dieu, puisque tu n'as point épargné ton fils, ton unique ! Mais abaisse tes yeux et regarde !

ABRAHAM. — Seigneur, je vois un bélier qui est retenu par les cornes dans un buisson.

L'ANGE. — Prends-le, et offre-le en sacrifice à la place de ton fils.

ISAAC, se jettant dans les bras de l'Ange. — Oh, je savais bien !...

Petite musique d'orgue .ABRAHAM fait le sacrifice, tandis qu'Isaac se tient auprès de l'Ange.

L'ANGE, à Abram. — Ecouté encore, et je parlerai pour la seconde fais.

« J'ai juré par moi-même, a dit l'Eternel : Parce que tu as fait cela, que tu n'as point épargné ton fils, ton unique,

certainement je te bénirai et je multiplierai ta postérité comme les étoiles des cieux et comme le sable du bord de la mer ;

et toutes les nations de la terre seront bénies en ta postérité,

parce que tu as obéi à ma voix. »

Les personnages du fond, après avoir levé les bras, et Marie soulevé l'enfant, se rasseyent. L'ANGE s'éloigne.

1er SERVITEUR, se relevant.— Il est vivant ! il est sain et sauf ! c'est un miracle !...

N'a-t-on pas entendu comme une voix, une voix douce et forte,

comme quand la pluie commence à tomber sur les feuilles, et comme un tonnerre?

2e SERVITEUR. — Et on sent une bonne odeur de violettes.

ABRAHAM, soulevant l'enfant et le pressant dans ses bras.— O enfant, enfant sauvé de si près de la mort, et qui m'es rendu !

Fils deux fois et quatre fois plus cher maintenant !

Et que sortira-t-il de toi?...

Des rois !... Je les ai revus, et ces tendres et ardentes figures.

Pourquoi une telle joie me remplit-elle à cette vue?

O salut ! mon âme est retirée de la mort, et elle est rendue à la vie !

s'approchant des serviteurs. Venez, louons l'Eternel, car il nous a sauvés pour aujourd'hui ;

j'ai espéré en Lui, et je n'ai pas été confus.

LE CHŒUR chante un PSAUME.

Fin de la quatrième Partie.

Vème PARTIE

ABRAHAM s'avance, appuyé par ISAAC devenu homme, et par les SERVITEURS ; derrière eux vient RÉBECCA, tenant par la main ESAU et JACOB.

ABRAHAM. — Laissez-moi ; je me tiendrai droit et je marcherai seul.

ISAAC. — Comme vous voudrez, mon père.

1er SERVITEUR. — C'est comme on dit : vertu et sagesse conservent longtemps !

Seulement n'est pas sage qui veut ; il y a dans le monde bien des pauvres fous comme moi,

des pauvres corps comme moi, qui n'ont plus que la peau sur les os ; la malice a fondu tout le reste.

Mais vous, maître, vous êtes encore vigoureux et fort.

ABRAHAM, s'asseyant. — Non ! mais mes forces s'en vont.

2e SERVITEUR. — Maître, certes l'Eternel vous a béni.

ABRAHAM. — Tu dis bien, toi, et il est vrai que Dieu m'a donné une heureuse vieillesse, selon ce qu'il m'avait promis.

Mais qui est-ce qui parle de sagesse? il ne sait pas ce qu'il dit !

Il n'y a point en moi de sagesse ! j'ai été comme un ignorant et j'ai marché comme un aveugle ;

mais je ne m'en suis pas inquiété ; une main m'a conduit que j'ai suivie.

Et qui parle ici de droiture? c'est un insensé !

J'ai péché !

J'ai rusé, j'ai trompé pour acquérir des richesses et pour échapper aux dangers, et j'ai été dur ;

mais j'ai cru !

J'ai cru ! C'est pourquoi tout le mal dans ma vie a été changé en bien,

parce que tout est bien pour celui qui croit.

Heureux qui a cru et a vu se réaliser son espérance !

Voici que maintenant je suis entouré d'enfants et de petits-enfants, comme c'était dans la maison de mon père,

la même chose que c'était dans la maison de mon père !...

Mais je sens que je glisse et que je cède.

Est-ce déjà l'automne? est-ce que déjà on vendange et on abat les noix, et fument les feux qui brûlent les restes de la saison?

Approchez-vous... plus près... encore plus près,

que je vous voie encore, que je vous touche encore! que je me tienne à vous!

Toi, Isaac, mon fils, l'espéré et l'attendu, qui as été donné et conservé,

toi qui as tant coûté et qui as tout payé,

qui as poussé comme un rejet de ce vieux tronc ébranché, dépouillé,

par où il a enfin fleuri.

Doux ami qui pries le soir en revenant des champs, mon fils Isaac, sois béni!

— Et vous, Rébecca, ma fille!

qui êtes venue de la maison lointaine de mon père,

et quand il s'est agi de quitter père et mère (et pour la fille ça n'est pas peu de chose que la mère),

vous avez répondu : J'irai.

Soyez bénie encore pour cette parole d'obéissance.

Venue de loin, portée aussi sur l'aile de la foi, toute prête à aimer...

Il y en eut une pareille à vous, encline aussi à l'amour, mais il lui a fallu partir ;

et vous, plus heureuse, vous demeurez dans la maison, tranquille et sage, avec les enfants que vous nous avez donnés ;

soyez bénie!...

— Et vous, petits-enfants, au cou de qui est suspendu maintenant l'avenir, Esaü et Jacob !

O Jacob, béni éternellement, et du lutteras aussi avec l'Ange, et tu verras ce que c'est ; mais il te bénira !

ISAAC. — O père, votre vie a été si grande ! elle se dresse devant nous, petits que nous sommes,
comme une montagne trop haute et inaccessible.

RÉBECCA. — Mais votre exemple, père, nous remplit de foi, et remplira de foi vos enfants à jamais.

1er SERVITEUR. — C'est vrai que vous étiez dur, et exigeant pour l'obéissance, et violent aussi parfois ;
mais on pouvait compter sur vous . . .

il pleure.

2e SERVITEUR. — Maître, nous vous aimions !

ESAU. — Grand-père, est-ce que tu pars?

ABRAHAM. — Oui, mon enfant, voici que je pars. . . de nouveau.

JACOB. — Où tu vas, grand-père?

ABRAHAM. — Je ne sais pas. . . pas plus cette fois-ci que l'autre !
Voici un nouveau départ en effet, un plus grand départ !

ISAAC. — Père, nous vous entourons.

RÉBECCA. — Nous vous assistons de notre tendresse.

ABRAHAM. — Ecartez-vous un peu, maintenant !. . .

O Dieu, je suis saisi d'angoisse à cause de mon péché !

Certainement si je n'avais pas péché, et si mes pères n'avaient pas péché,
je ne mourrais point !...

J'ai cru, mais est-ce assez?

De quel mystère ai-je besoin, et vers quoi est-ce que mon âme soupire?

Voici que j'ai peur ! J'ai peur en entendant venir l'Ange de la Mort ;

sans doute que son aspect est effrayant,

et son pas m'épouvante.

L'ANGE d'autrefois s'approche.

ABRAHAM. — ...Est-ce toi?... Ainsi donc l'Ange de la Mort est le même que l'Ange de la Vie !

Je te reconnais bien... Voici que j'ai déjà moins peur, et je t'ai assez connu pour ne plus avoir peur.

L'ANGE. — A cette heure regarde dans ta vie, et souviens-toi.

ABRAHAM. — Que de fois je t'ai rencontré, et que de luttes tu m'as livrées,

et chaque fois j'ai été vaincu !

Tu m'as séparé de ceux que j'aimais, le père d'abord et la tendre mère...

Mais ma tête se trouble-t-elle, ou n'est-ce pas eux que je vois?

Les voici qui s'approchent et qui reviennent... O père, ô mère !...

S'avancent en effet LE PÈRE et LA MÈRE.

Et Lot mon bon frère, et Sara ma femme !

LOT et SARA s'avancent aussi. Regardant Rébecca et les deux enfants.

Et c'est bien toi, Agar, aimante et douce femme, qui te tiens là avec tes yeux si tendres !

Quelle puissance y avait-il en toi que je n'ai pas comprise ?

Et ton fils Ismaël, celui que j'ai chassé, le fier et libre garçon.

Mon fils Isaac encore petit, lorsque j'ai levé sur lui le couteau...

Tous, vous voilà tous !... Pardonnez-moi, vous tous avec qui j'ai été dur et que j'ai fait souffrir ; mais il fallait !...

Voici qu'ils me tendent les bras !...

L'ANGE. — Ainsi ceux dont tu t'es séparé, ils t'entourent.

ABRAHAM. — ...Béni en effet dans chaque défaite, et tu m'as préparé pour cette heure.

L'ANGE. — Mais maintenant c'est de toi-même qu'il convient que je te sépare.

ABRAHAM. — Oh !... oh !... cela aussi est dur, et cela aussi une lutte redoutable, et la plus redoutable.

Et je vois bien que je serai vaincu dans cette lutte encore ;

mais serai-je béni comme les autres fois ?

Seigneur, tu m'as promis, ne verrai-je pas l'effet de tes promesses ?

L'ANGE. — Il suffit pour cela que tu regardes devant toi, dans l'avenir.

Car voici ta postérité se lève !

Tous les personnages du fond se lèvent en effet. L'orgue joue.

Heureux celui qui a cru, parce qu'il verra !

Regarde ! voici venir un nouvel Abraham, Booz, et Ruth, nouvelle Agar,

moissonnant où tu as semé et semant à leur tour, fidèles, confiants et purs !

BOOZ et RUTH s'avancent et, s'arrêtant un instant, passent devant Abraham.

Et des rois, comme je t'ai dit, naissant d'eux, descendront de toi.

Les voici qui s'avancent !

David, plein de foi comme toi-même et de courage, fervent en paroles qu'il chantera sur la harpe,

et tous les âges dans l'angoisse et la peine les répéteront ;

mais lui aussi une femme aimante l'accompagne.

Passe DAVID avec BETSABÉE.

Et Salomon, plein de sagesse, éclatant de richesse et de splendeur, avec l'humble et ardente Sulamite,

et elle c'est dans son cœur qu'est son trésor, et c'est elle à son tour qui chantera des paroles éternelles.

Passent SALOMON et la SULAMITE.

Mais si grands qu'ils soient tous, un roi plus grand, par la suite des temps,

descendant d'eux, descendant de toi,
naîtra dans une crêche.

Viendra une nouvelle femme, obéissant à son tour et aimant à son tour,

et bien plus que les autres,

achevant Rébecca et Agar.

Il viendra, le nouvel Isaac !

Certes tu seras appelé parmi toute la terre le Père des Croyants ;

mais tu n'es qu'une figure, la foi que tu as eue n'est qu'une simple image ;

voici Joseph, et voici Marie, et voici le petit enfant !...

JOSEPH et MARIE portant *L'ENFANT* s'avancent ; tous se mettent à genoux.

Celui qui transportera les montagnes, guérira les malades et ressuscitera les morts,

qui rachètera tous les péchés du monde et les tiens avec tous les autres, apportant ici-bas la grâce qui t'a manqué —

et la terre affranchie le glorifiera aux siècles des siècles.

ABRAHAM se met lui aussi à genoux, tandis que MARIE lui présente l'enfant.

Mais pour cette œuvre qu'il aura à faire, l'obéissance qui fut la tienne ne lui suffira pas ;

il y ajoutera
l'amour.

ABRAHAM, tendant vers l'enfant sa main tremblante. — Enfant, petit enfant,

j'ai désiré de voir ton jour, et je le vois !

Tous à genoux tendent les bras vers *L'ENFANT*.

UNE VOIX DE FEMME. — Jésus, fils de David !

UNE VOIX D'HOMME. — Fils d'Abraham !

Puis JOSEPH et MARIE avec L'ENFANT, passent.

ABRAHAM. — O bonheur, ô joie ! O pays retrouvé !

O Seigneur, maintenant je puis mourir !

L'ANGE le touche du doigt ; il meurt, entouré par tous dans des attitudes de vénération et de foi, pendant que

LE CHŒUR chante un dernier PSAUME de triomphe.

Puis le cortège se reforme et descendant les marches de la scène il sort dans le même ordre qu'il était entré, aux sons aussi de l'orgue.

FIN

www.ingramcontent.com/pod-product-compliance
Ingram Content Group UK Ltd.
Pitfield, Milton Keynes, MK11 3LW, UK
UKHW022118260726
13993UKWH00003B/1101